幸せとは何か？

空飛ぶ車いすからのメッセージ

最適な人生の見つけ方

作：木島英登
まんが：かんべみのり

神戸大学出版会

出版によせて

木島英登さん（通称きーじー/KIJI）に初めて会ったのは1994年、「神戸大学留学生センター」でした。「留学生と友達になりたいのですが…」という彼の一言。それなら、「Truss」という留学生支援交流サークルがあるので、そこで活動してみたら?と誘ったのが出会いの始まりでもう30年も前のことになります。

自ら車を運転して通学していたきーじーはキャンパス外での活動等にも積極的にアイデアを出して大活躍。早い時期から「心のバリアフリー」をモットーに常に自然体で留学生とも交わり、信頼関係を築いてそのネットワークを広げていました。

彼とは卒業後も折に触れてずっと連絡を取り合っていましたが、急な頼みごとをしても「いいすよ!」といつもポジティブに引き受けてくれました。その内の一つ、神戸大学における全学向けの講義『職業と学び』でも、一人の地球人として自分の脚で175

か国を歩いた体験から得た知見を、具体例と共に日常の延長線にあるものとして学生たちに語ってくれました。

この度の書籍『幸せとは何か? 最適な人生の見つけ方』には、現実をしっかり見極めつつ大きな夢にチャレンジするきーじーの姿が垣間見られ、その気づきから醸成された論点・視点が彼のメッセージとしてバリアなく読み手に伝わってきます。

出版事業に関しましては、「神戸大学出版会」関係のみなさまが常に私どもの背中を温かく押してくださいました。また一方、きーじーをよく知る発起人のみなさまのご協力を得て「空飛ぶ車いすからのメッセージ出版委員会」も立ち上げることができました。発起人の一人、神戸大学グローバル教育センター教授の河合成雄様からは出版活動の過程で貴重なアドバイスを頂きました。きーじーと同じサークル仲間で経営学部OBのZakir Toorabally様は家族ぐるみで共に旅行など楽しんだ仲間。また、発達科学部のOB／OGで、同じゼミ仲間の白上浩平様ご夫妻とは、きーじーのアメリカ留学中も含めて国の内外でもずっと一緒で不思議なご縁でつながっていた間柄。この度の出版に関しては、同委員会の枠を超えて留学生OB／OGを含め、まさに国を超えて多くの方々から広くご支援・ご協力を賜りました。心より感謝申し上げます。

そして同出版委員会の副代表として、編集作業をすべてボランティアで支えてくださった神戸美徳様。法学部ＯＧで同じサークルの後輩だった神戸さんは、「ＭＢＡまんが家」のかんべみのりとしてきーじーの遺稿にまんがを挿入して親しみやすく、より伝わりやすい形に再編集してくれました。かんべみのりさんの的確で愛情あふれるペンにも、ここに記して深く感謝致します。

最後に、何よりも悔しく勿体ないのが、あまりにも選択を急ぎ過ぎた１７６番目の訪問地でしたが、泳ぎの達人でもあるきーじーのことだから、今は車いすなどほっぽり出して無重力の宇宙空間から天国へと遊泳していることでしょう。

あらためて父親、夫としてのきーじーへひと言。「空飛ぶ車いすからのメッセージ」は、ご家族をはじめ、国内外の多くの方々にもしっかり届いていますよ。

「空飛ぶ車いすからのメッセージ出版委員会」代表

瀬口郁子（神戸大学名誉教授）

目次

目次

はじめに

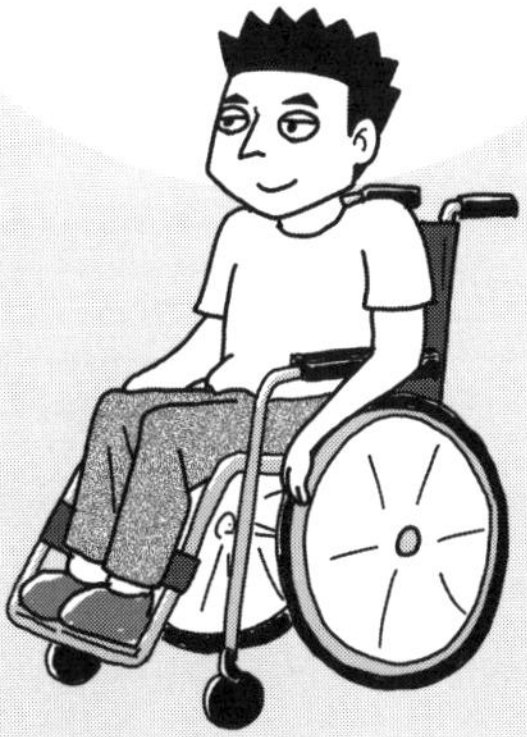

もはや経済大国では
なくなりつつあるなか
どうすればいいのでしょう

私は2022年まで何年も母校でキャリア構築の授業を担当していました
最初に生徒に投げかける問いがあります
良い大学に行くことが幸せか?
良い会社に行くことが幸せか?
美人　イケメンと結婚することが幸せか?
う〜〜ん
答えはYESでもありNOでもある
YES
NO
NO
NO
YES
NO
YES
?
NO
YES
そもそも「良い」とは何なのか
大学の場合
「偏差値が高い」
「人気がある」
「有名である」
「就職に有利」
「立地」
ランキング
1
2
3
などか
では会社は?
人は?

私自身のことをお話しましょう
高校三年生のとき
ラグビー部の練習中に
背骨が折れ脊髄を損傷
下半身不随に
以来車いす生活になりました
けがをしたからといって
自分の趣味指向も変わらない
あいかわらずイタリアンが好き
彼女がほしい
あいかわらずこういう本が好き
いつかは結婚して
家庭をもちたい
遊びたい
親の世話にならず自立したい
病院のベッドの上で考えた
この体では
肉体労働を
するのは
無理だから
これからは
頭を使う仕事を
考えないといけない

とりあえず大学進学を目指したものの
そう簡単にまじめに勉強できるわけもなく
浪人
合格者一覧
できないことをできるようにしたい
普通に戻したい
最初は背伸びばかりしていました
一浪して進学した大学一年の夏休み
思い切って行った一ヶ月の米国ホームステイは
人生を変えるきっかけになりました
日本国
JAPAN
アメリカでは
段差なくどこにでも行ける 入れる
バス電車に乗れる
車いすで入れる大きなトイレがある
街中での好奇な視線もなく
自然な風景の一つとして
車いす生活者も暮らしていた
日本に帰国するまで
自分が車いすに乗っていることを忘れていました

車いすに乗っていることが障害とならない社会があるのか
私は同じで何も変わらないのに
環境によってこんなにも暮らしやすさが変わるのか
衝撃でした
いろんな文化にふれてみたい
いろんな人と出会いたい
世界旅が始まりました
大学の長期休みはもちろん海外渡航
このユニークな体験もあり広告会社への就職が決まりました
就職後も上司に叱られながらも有給休暇をとりまくり海外へ
上司
世界への旅がライフワークとなりました

車いすでの世界旅
私にしかない
個性かもしれない
極めれば
食っていけるかな
フリーランスの道へ

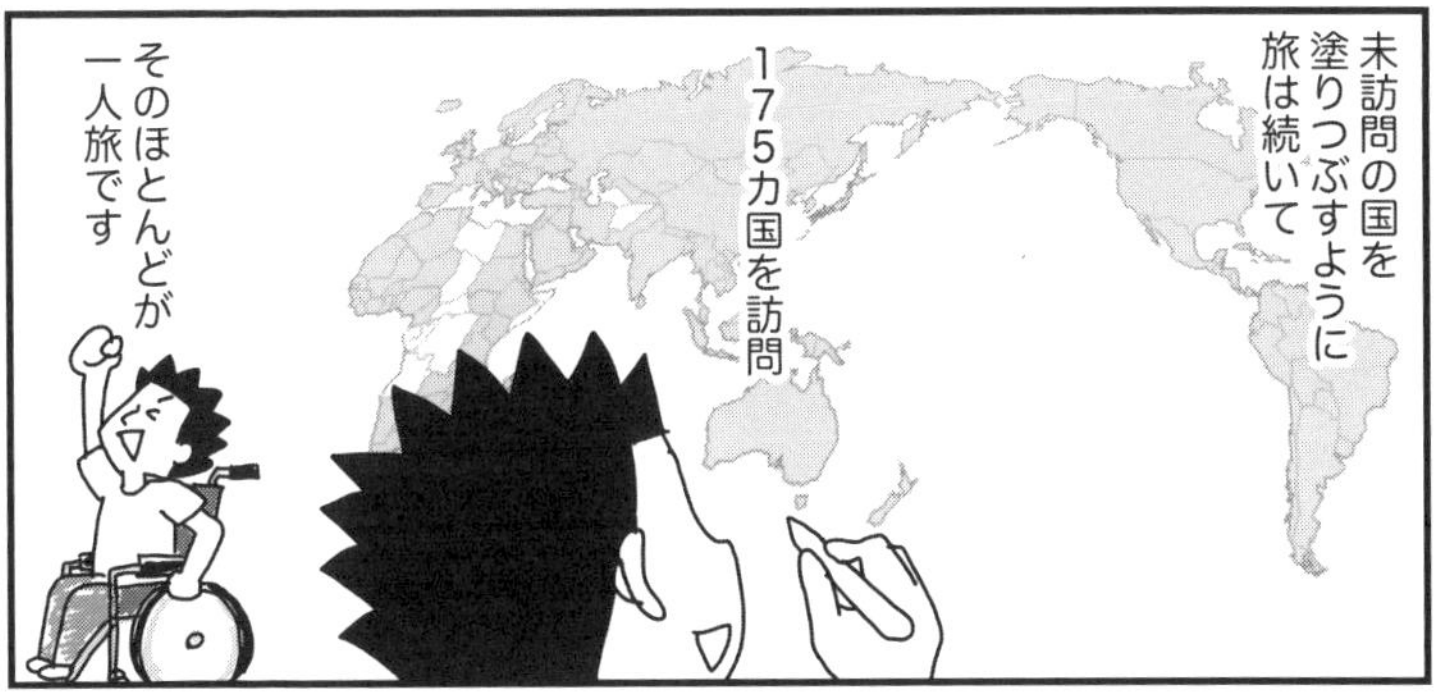
未訪問の国を
塗りつぶすように
旅は続いて
175カ国を訪問
そのほとんどが
一人旅です

小さい頃の夢は自転車での
世界一周旅行でした
自転車から車いすに
変わりましたが
同じ
車輪だから
一緒か
妙に納得しています

2022年に大学講師に転職するまで
自らの体験をもとに日本と世界のバリアフリーの違いを情報発信するのを仕事にしていました
具体的には
コンサル
講演
研修
執筆などです
空飛ぶ車イス
訪日外国人へのバリアフリー旅行情報を提供
お手伝いするNPOも運営していました
私が海外に行って刺激を受けたように
世界中の多くの人に車いすであっても日本に来て欲しいという思いが活動の原点でした
いつの間にか趣味と実益を兼ねた観光バリアフリーが専門となり
海外から国際会議やシンポジウムに招待されることも多くなりました

17歳で車いす生活となり
行動が制限される
差別的な扱いを受けるなど
悪いこともたくさんありましたが
自分のやりたいことが見つかったから
私は幸せです
車いすでの世界旅は大変なことが多いのは事実ですが
手助けしてもらうことが多い
現地の人と触れ合う機会が人より多い
車いすであるからこそ色んな人と出会えました
幸せのものさしは一つではありません
より多くのものさしを持てること
自分なりのものさしを持てることが大切です
幸せとは探すものでなく気づくもの
各々が自分なりの幸せに気づき少しでも寛容な社会になればと願い
その方法論を考えていきます

第一章

人と比較するのは止めましょう

他人はあなたの人生の面倒をみてくれない

「他人の目を気にせず、自分のやりたいことをやればよい」とは、よく言われることですが、これはそれほど容易ではありません。気楽に自由業をしている人でも、自分と似た仕事で成功している人は気になるものです。会社員であれば同期の出世はどうしても気になるでしょう。学校の同級生の就職先、結婚、住居の購入も、やはり気になるもの。人の成功を見て「悔しい」と思うことは決して悪いことではありません。その悔しさは努力のもとになるからです。ただ「あいつは自分より稼いでいる」とか、「自分より幸せそう」とか、自分と人を比べるクセが付くと、常に気持ちが不安定になりかねません。羨むのではなく、無視するのでもなく、気にしない領域に達するのはかなり大変です。

マカオで夜の店に行ったとき、ショータイムが始まりみんなが踊り始めました。車いすだけど踊ってみたいと思いました。前に踊ったのはいつだったか、思い出せません。事故で車いすになって以来欲望を抑えて生きてきたことに気づきました。旅の最中は大胆な行動を取れることがあります。したいこともしなければ悔いが残る。またしようと思っても二度とチャンスがあるとも限りません。気合を入れて酒を飲み、ステージに出ました。もちろん難しい。けれど、踊っていると体をあわせて一緒に踊ってくれる女性も出てきました。「車いすのくせに」なんて言う人は一人もいません。とても楽しく雲の上にいるみたいな気分です。躊躇せずにさっさと前に出ればよかったと思いました。

他人を気にしないためには「世間的成功の評価軸」とは

別に「自分自身の成功評価軸」が必要です。自分自身の成功評価軸は、誰かと比較する相対評価ではなく、絶対評価にするのがポイントです。水泳で考えましょう。水泳大会で優勝するのを目標にするのではなく、「50メートル泳げるようになる。」仕事で考えましょう。営業成績を部署でトップを目指すのではなく、「健康で休みなく働く。」住居で考えましょう。タワーマンションの上層階に住みたいということではなく、「生活に便利な物件をみつける。」勝ち負けがあることにしないことです。数字で比較される評価にしないことです。

人間の価値は数字では測れません。本当の価値は目に見えないもの。信頼できる友達が多い。困っている時に助けてくれる人がいる。家族の仲が良い。周りから尊敬されて

いる。他者に勇気や希望、笑顔を与えられる。美味しい野菜を作っている。自然と調和している。自分の好きなことに熱中している。オタクな趣味を極めている。その人なりの良いところがあるはずです。それが見つかったとき、幸せだと言えるでしょう。

世界に一つだけの花を目指せ

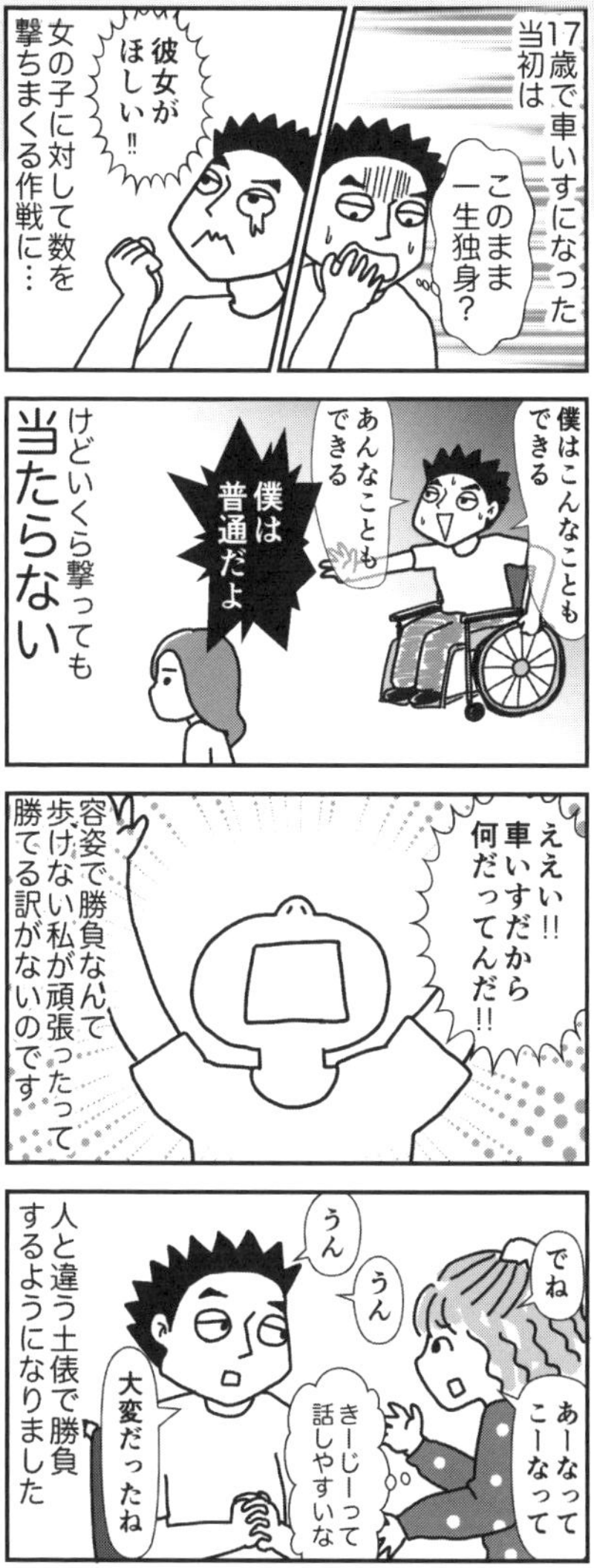

「人より優れていること」を目指すのではなく、「人とは違うこと」を目指しましょう。優れているのを目指すのは、競争することが前提です。競争の中で勝たないといけません。しかし勝つのは一握りの人だけ、多くの人が負けるのが現実です。競争に巻き込まれることなく、人と違うこと、ユニークであることを意識しましょう。

17歳で車いす生活になった当時、私は、彼女が欲しいと頑張りました。障害があることを全員が理解してくれる訳ではありませんから、とにかく数を撃ちました。ことわざだと、下手な鉄砲でも数撃てば当たるそうですが、全く当たりません。自暴自棄にもなりました。でも、失敗を財産にしていくうちに、気づきました。下半身麻痺であることに対し、引け目を感じ、恥ずかしく、それを隠すように、「僕

は普通だよ。こんなことも出来るよ」と、外面ばかり気にして、背伸びばかりしていたことに。

ターニングポイントとなったのは、車いすであることを開き直れた瞬間です。他の人と同じ土俵で勝負しないこと、人と違うことをすること、自分だけの個性を出すこと、「人より優れていることを目指す」から「人と違うことを目指す」に変わったとき、女性が振り向いてくれるようになりました。同時に、私自身の感情を好きな人の前でも自然体でさらけだせるようになりました。

努力の方向が間違っていました。容姿での勝負なんて、歩けない私がいくら頑張ったところで、他の人に勝てるわけがありません。違う土俵を作る。私の場合だと「相手の

話を聴いてあげる」「相手が肩の力を抜いて本音が話しやすいキャラ作り」などです。容姿に自信がないのなら、「話が面白い」「趣味が合う」「料理が上手い」「経済力をつける」「自分が得意な物差しを見つける」……。ないのなら物差しを作れば良いのです。恋愛は残酷です。キレイ事はなく、結果は明白に出ます。保護された環境では本質的なものは見えません。対等な勝負をし、自分を鍛えていかなければ、周りから可哀想だと同情をひいて誰かに頼る人生になってしまう。だからこそ鍛えられました。正解は一つではありません。

成功につながるレール

友人の兄は東大卒
一流企業に就職し
東京に家も購入した後
シンガポールに駐在
エリートコース
空き家になったその家に
友人が住んでいたので
泊まりに行ってみると…
おーい
素敵な家だけど
思ったより
小さい！
まっ
ち
競争に勝ち続けた
超エリートの家で
これか……
東京の住宅事情が厳しい
から仕方ないけど
これくらい
夢が欲しいなあ〜

学校では、よく勉強して、いい大学に行って、一流企業に就職する。それが成功への道だと教えられ、疑うこともなく、そのレールを進みます。落ちこぼれてレールから脱線すると、戻れないのが厄介なところです。自分で行き先を決められないのも、困ったところです。

友人の兄は、東京大学を卒業し、誰もが知る一流企業に就職。会社でも順調に出世コースに乗り、シンガポールに駐在となりました。友人家族は、空き家になったその東京の家に住むことに。知り合いの家によく泊めてもらう私はその家にもお邪魔しました。

東京23区にある二階建ての一軒家。吹き抜けのリビング、ちょっとしたＢＢＱができるウッドデッキもありオシャ

レ。駅まで徒歩12分。電車に乗れば15分で新宿と都心にも近い。素敵なお家なんですが、私はショックを受けました。彼は、１００人の競争、１０００人の競争に勝った超エリート、つまりピラミッドの頂点。これが学校で教わるレールを進んだ一番の成功者の家なのか。もっとドーンと経済的にもリッチであって欲しい。もちろん東京の住宅事情が厳しいのは仕方ないことなんですが、いかんせん夢がない。

結局のところ、雇われる側の会社員だと、稼ぐと言っても限界があります。都心の一等地にある家や億ションは、どうやっても買えません。レールの先に、思い描く経済的な成功はないのです。

経済的な成功は、レールからはみ出たところにあります。

商売で成功する。起業して会社を上場させる。弁護士、開業医になる……。自分でレールを敷いて成功させなければなりません。大きなリスクもある一方、リターンも大きくなります。

もちろん会社での競争を勝ち抜いて進んだレールの最終地点。役員になり、社長になり、経営側にまわれば、圧倒的な収入を得ることができます。ただし、そこに至るまでの過酷さは私が説明するまでもなく、激しい椅子取りゲームで、時には誰かを蹴落とします。その地位を得たときは、50代、60代と、壮年期。ちょっと遅いよなと感じるのは私だけでしょうか。30代、40代でリーダーになって、高収入も得る人が増えると夢がある。組織も活性化するでしょう。

敷かれたレールから脱線しても問題ありません。そのレールだけが人生ではありません。気にせず、新しいレールを探すのも有り。休憩するのもいいでしょう。自分でレールを敷いて、自由に行きたいところへ進むのも方法です。

やってみてから文句言え

北海道ジャンプ競技場にて
スキーのジャンプ台も見てみたいけど
山頂までリフトかぁ… どうせ僕にはムリかなぁ
ダメもとできいてみると
大丈夫乗れますよ
え⁉
でも車いす積み込むのは無理だろうから降りたらレンタル用貸してください
いやいけますよ
先に別のリフトで運びますね
スタッフの方の手慣れたサポートに感謝!!
言ってみるもんやなー
絶景を楽しみました

「自分でどうにか対処してみる」ということに対して億劫になる人は、それを「自分ではどうにもできない大きな問題」にすり替えて責任から逃避します。なんでもかんでも社会のせいにする。政府のせいにする。選挙で選んだのは自分たちなのに。

ネット上に溢れる、実際にやったことのない人の中途半端な意見は、間違っているだけならまだいいのですが、ただ単に否定的で弊害しかありません。ネットだけに限らないですね。何かをしようと思うと、必ず否定的な意見を言ってくる人はいます。それっぽい理由を並べますが、本心では自分が取り残されるのが怖いという心理で、他人の足を引っ張っています。

北海道の大倉山ジャンプ競技場を見学したときのこと。ジャンプ台は山の上にあるから車いすでも行けるか不安でしたが、途中までエレベーターを使って上がることができました。よく見ると観光客がジャンプ台の上に登っています。リフトを使えば行けるらしいが、車いすの私でもいけるでしょうか。ダメ元で聞いてみると、チケット売り場の人は、私が車いすであることを気にせず、何も聞かないでチケットを売ってくれました。リフトに乗れるだけで満足だったのですが、車いすを違うリフトに積み込み、頂上で受け取って開閉し、私の乗降まで手伝ってくれました。まさかジャンプ台の上まで行けるとは思いませんでした！言ってみるもんです。

お金がないから夢が叶えられないという人がいます。お

金が必要な夢、お金がないと無理な夢。それは、誰かがしてくれるサービスです。自分が「できない」と、誰かにしてもらうしかない。つまり、お金がかかります。自分が「できる」と、誰かにしてあげられる。つまり、それが仕事になります。

自らの自信を取り戻すためには、やったことがないことをやってみることを推奨します。「できない」と思うことが、達成できたとき、思わぬ利益を生むことがあるのです。

正義を押し付けない

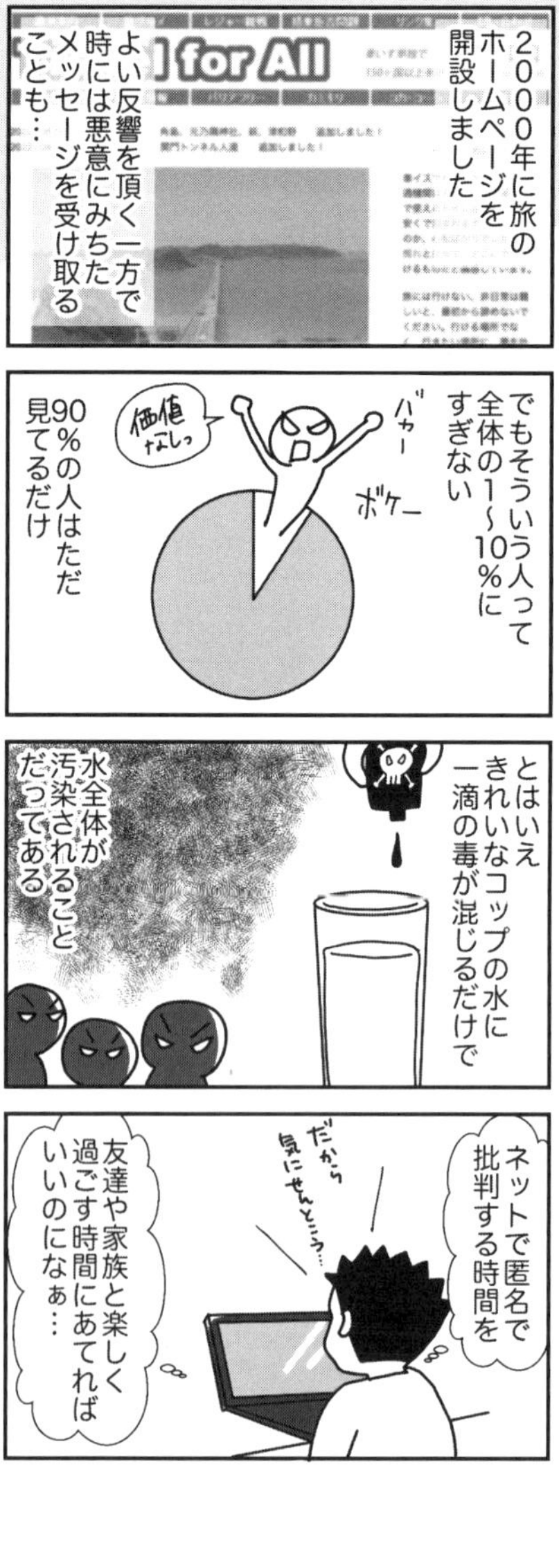
2000年に旅のホームページを開設しました
for All
よい反響を頂く一方で時には悪意にみちたメッセージを受け取ることも…
でもそういう人って全体の1〜10%にすぎない
バカー
ボケー
価値なしっ
90%の人はただ見てるだけ
とはいえきれいなコップの水に一滴の毒が混じるだけで
水全体が汚染されることだってある
ネットで匿名で批判する時間を
だから気にせんとこう…
友達や家族と楽しく過ごす時間にあてればいいのになぁ…

世の中が多様になり、マイノリティとされてきた人が、きちんと声を上げられるようになりました。それは素晴らしいことです。

一方で、漠然とした「正義」が、ネット社会でうごめくようにもなりました。自分こそが世界の基準だというように振る舞い、「弱者」は守られて当然であり、守ってくれないことを悪として攻撃をする。「正義」も時代や環境によって変化します。他人に押し付けるものではありません。なのに、正義の押し付けは、息苦しい社会を作ります。第二次世界大戦の時に見られた不謹慎狩りが、コロナ禍においては自粛警察として蘇りました。不安と不満、分断という負の連鎖が起こっています。

ネットで他人の批判ばかりする人は、バッシングする対

象が見つかれば、相手が誰でもよく、正義という言葉を使って、自身の行動を正当化しています。世間という価値観に捕らわれて不自由を強いられており、現実社会でうまく生きることができず不満を抱える。事実がどうあれ叩きやすいものを叩いて嘲笑する。匿名で群れて叩く、その構造はイジメと似ています。

ネットに怒りをぶちまけるのは暇人の娯楽なので、気にしなければよいのですが、コップの水に落ちた1滴の悪意が拡がって、毒が満ちることもあります。時には、1滴の善意が拡がって、水が浄化されることもあります。リアルとネットを混同しないで、それぞれに距離感を持って付き合いましょう。

世の中には、違う意見がある。自分とは違う考え方をしている人もいます。どちらが正しいとか、勝ち負けではなく、互いが尊重され、対話の中での落としどころが見つかる。互いの差異を認め、特性を活かしあい、公平に意見交換ができる社会であって欲しいものです。

負けるが価値!?

歌うまーい
かわいいです
1万
2.5万イイネ
くそーなんでこんなヘタな歌にイイネがこんなに…
コメント残してやろうかな
ヘタクソヤメロ
こんな行為は時間のムダ
あっさり負ける経験も大事
すげぇ〜かなわんわ
この人ってすごいと思ったら
俺はダンスを
がんばろう
自分は違う分野で頑張ればいい

さして歌の上手くない人が、ＳＮＳで自分よりも多く賞賛されている。へたくそなダンスを披露している人が、自分よりも多くの「イイね！」をもらっている。幼稚で品のないユーチューバーが、自分よりも多く再生数を稼いでいる。――賞賛されない自分を見つめ直したときに、嫉妬が生まれます。スルーすればいいものを、わざわざ批判的なコメントをせずにいられない。そんな人は、うまく負けることができないのではないかと思います。

他人の素晴らしいところは、素直に認めましょう。あっさり負けを認め、自分らしさが発揮できる競争のない土俵をみつけるために、次に向かえばいいのです。悔しさや妬ましさがあるなら、それを燃料として、自分を磨けばいい。負けを認められない人間は、勝つこともできません。

スポーツをしたことがある人、芸術や作品を作ったことがある人は、誰でも負ける経験をしています。一方で他人の承認欲求を笑う人は、自分が表現できなくなります。笑われるのが怖いからです。

アウトプットが出来ない人は、笑われない代わりに、評価されることもありません。他人の承認欲求を笑う人は、自分の承認欲求も永遠に満たせないのです。

お金をたくさん稼いでいる人に嫉妬するのも止めましょう。所得が多いと、支払う税金も多額です。多くの税金を支払ってくれている、その面で社会に貢献しているのですから。むしろ応援するべきです。高額な商品やサービスを、

お金持ちにどんどん使ってもらって経済を廻せばいいのです。うらやましいとは思わず、税金をたくさん払ってくれて、ありがとうと感謝しましょう。

いちいち自分と比べていたら、キリがありません。全ての分野で勝てるわけではありません。完璧な人はいません。自分は自分。他人は他人。土俵は一つだけではありません。相手の意見が自分と違うこともあっても、素直に受け入れましょう。

第二章

自分らしさを知りましょう

自分は何が好きか知っている？

自分らしさを知っている。それは大きな武器です。長所、短所、向き、不向き、好き、嫌い。客観的に自己評価できるのであれば、実力不相応な仕事や、能力が活かせない仕事をするという、ミスマッチを防ぐことができます。ライフスタイルも、パートナー探しも同じこと。

能力を上げることは、多くの努力を必要としますが、自分らしさを知ることは、ちょっとした意識の変革で身につけることができます。

まずは好きなことをしてみましょう。これといった趣味がないというなら、何か新しいことに挑戦してみましょう。

誰しも、好きなことをしているときは、集中します。させられて勉強は身につきません。自ら目的を持ってする勉強は身につきます。問題は、自分が好きなことを見つけられるか。

好きか嫌いか。一番簡単な判断材料は、時間を忘れられるかです。好きなことに没頭していると時が経つのを忘れます。好きな人といると「時間」という概念が飛んでしまいますよね。逆に、嫌なことをさせられると、早く終わらないかと、時が経つのが遅く感じます。嫌いな人と一緒の時も同じですね。早く時間が過ぎて欲しいと。

時間を忘れてしまうようなこと。これが、好きなことを見つける一つの目安です。ただ、時間泥棒になるようなゲー

ム、動画、ギャンブルは、身を滅ぼします。いくら好きなことといっても、自分でコントロールできないものは、不幸を招きます。

好きなこと、やりたいことがあっても、出来ないから諦めることも多いのではないでしょうか？　能力がないからどうせ無理と、周りから言われることもあるでしょう。情報化社会では、挑戦する前から結果がわかるような気分にもなります。しかし、本当の成功はネットには出てきません。誰も教えてくれません。

好きなこと＝「遊び」と言い換えることもできます。好きなことを「仕事」にする。その是非は議論になりますが、「仕事」と「遊び」の境界線が消えるという感覚は、起業

家の中にあるでしょう。

やっている本人が面白いと思わないのなら、協力してくれる人、顧客も集まりません。ワクワク感というのも、事業成功のカギとなります。楽しいから、ポジティブなエネルギーが溢れ、新たなアイデアが生まれてくるのです。また、何かを自分がしたいために行う努力は、苦労だとは思いません。好きだからこそ続けられるのです。

好きなことをする。その行為は一つ副産物を生みます。自分が好きなようにやっていたら、他人がやりたいようにやっても、それは認めて当然と相手を許せるようになります。多くの人は、自分がやりたいと思うことを抑えるから、好きなことをやっている人を見ると、つい羨ましくなる。

その気持ちが陰口や中傷といった歪んだ形で出てきてしまうのです。

人に流されず、自分の本当にやりたいものを追求することで、人は幸せを見つけられるのではないでしょうか。すべての答えは自分の中にあります。悩んだとき、まず自分に「何がしたいのか?」と問いかけましょう。

物差しの複数使い

この本の漫画担当のみのりは僕の後輩
キーじー もうムリ～
独立したら？
会社でうまくいかず大学院に行って環境を変え
どうせ復習するなら漫画で描いてみようかな
とひらめき実行に移したら本の出版が決まってしまった
人間は環境変化に対応していくうちに様々なものによって五感が刺激されアイデアを生み出します
はっ
アイデアと移動距離は比例する!!
私の物差しは…
これだったのか…
よかった…
自分を活かせる物差しを持つのは本当に大事

価値観を測る物差しがたくさんあると、より物事の本質を捉え、柔軟な発想ができます。

現代社会が能力主義なのは、仕方のないことです。賃金で評価され、能力の向上が常に求められます。とはいえその物差しは一つではありません。たくさんの種類の仕事があるように、能力の評価軸もたくさんあります。学歴や偏差値、資格の多さ、単に数字だけで測れるものでもありません。

自分の中で、多様な評価軸の物差しが、よりたくさんあると良いのです。この物差しがダメなら、違う物差しがある。完璧な人間はいません。長所があり、短所がある。でこぼこしているから、人間らしさが溢れます。

他者からの評価を受ける際、たくさんの評価軸の中から、自分の適性にあった物差しで評価してもらえるようにする。自分に合わない物差しを使われないようにすると、ストレスが溜まりません。

物差しの使い方次第で、事象は、プラスにもマイナスにも変化します。例えば、背が高いこと。バスケットボールやバレーボールをするのには有利です。背が低いこと。競馬の騎手や、競艇の選手になるのには有利です。大雑把な性格。細かいことを気にしないので、ストレスが溜まりにくいです。細かい性格。慎重に行動するので、ミスが少ないです。うるさい。元気はつらつ、職場を賑やかにします。物静かで出しゃばらない。淡々と仕事をこなせます。

結果を出す人は、能力が高いのではなくて、自分の活かし方を知っている人と言い換えられます。物差しをたくさん持って、自分に合う物差しをみつける。それも能力です。

自分で自分を愛さなければ始まらない

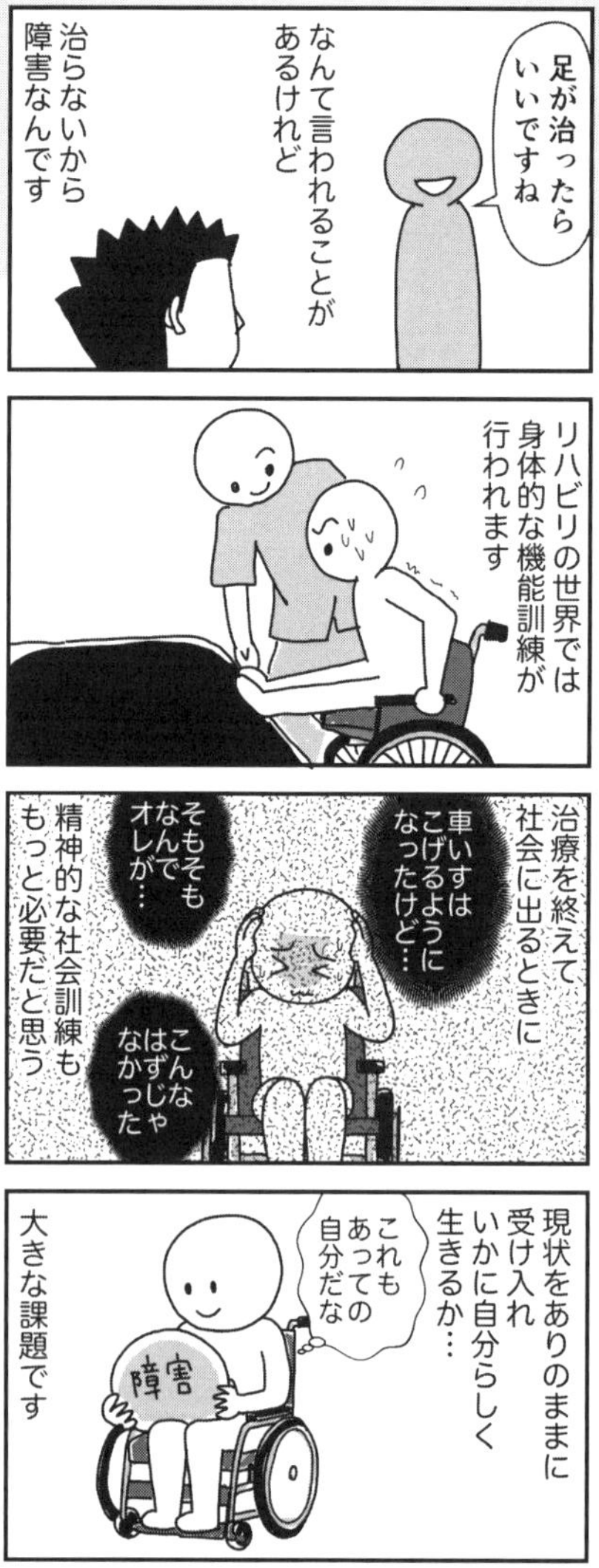

自分らしさが見つかったら、次は自分を愛しましょう。たとえ、全世界の人々から冷たい目を向けられようとも、他でもない私自身が自分のすべてを愛せなければ、人として人間らしくは生きられません。自分で自分を愛すること。すべてはそこから始まります。

狭い世間（家族、住んでいる地域、コミュニティ）の価値観だけに頼っていたならば、自分自身のことを愛せないことがあります。車いす生活の私。同じような障害を持つ人で苦しむ人を見ます。リハビリテーションの世界では、身体的な機能訓練がよく行われるのですが、医学的な治療を終えて患者でなくなり、社会生活を送るならば、精神的な社会訓練（アイデンティティと社会性の確立）も必要なのに、十分ではありません。障害は「乗りこえなくてはい

けないもの」ではなく、ありのままの自分を「どう受け入れ」「いかに自分らしく生きていくか」です。

同じ物でも見方を変えれば、良くも悪くもなる。日本の常識が世界の非常識になる。世界の常識が日本の非常識になる。世界への旅で、多様な価値観に触れる経験をしたことが、私にとって自分なりの価値観を形成する礎になりました。

自己を肯定すること。他人からどう評価されているかではなく、現状の自分自身に満足できているかどうかを基準に考えます。この自己肯定感が低いと、自分を愛することができず、認めてあげることができません。良くない部分ばかりが気になります。特徴として「一度決めた意見をす

ぐ変える」「周囲に認められたい承認欲求が強い」「他者に依存してしまう」が挙げられます。逆に自己肯定感が高い人の特徴は、「主体性が強い」「自分の強み弱みを把握している」「他人の意見を尊重できる」が挙げられます。

自分を責め過ぎない。物事を肯定的にとらえる。過度な謙遜はしない。褒められたら素直に喜ぶ。そうしていくと、自分を好きになる。自己愛が高まります。

つまるところ、幸せとは、自分が幸せと思えば良いのです。根拠のない自信でかまいません。心だけでも自由になればいいのです。

第三章

うまくいかないなら、環境を変えましょう

正解は自分で決める

日本で聴覚障害者は
人口比0．3%
330人に1人
10人に1人
しかしイギリスでは
10%くらい
イギリスでは
コミュニケーションに
不自由な人
つまり英語が話せない
人も含まれている
English Nooooo!!
そもそも定義が
違います
こういう人も
聴覚障害にあたる
対象範囲を大きく
している理由は
Good morning
TVに字幕
ピクトグラムを
増やす
より多くの人に利益が
あるなら
政策が実行しやすいから
常識を疑う習慣は
若ければ若いほど
身に付きます
えいっ
価値観が固まる前に
異文化に飛び込み
人生を変えるほどの強烈な
体験をすることです

常識を疑いましょう。世間で常識だと言われることは絶対なのか。常識を疑うことがあなた自身を変えます。先入観にとらわれず、自分自身が行動し経験したことが、常識となっていくのです。

日常も同じです。うまくいかないのなら、当たり前とされる方法も変えてみることです。何が正解なのか。それは自分が決めることです。

例えば、野球のバッティングフォーム。手本となる型はあるでしょうが、くねくねして打ってもいい。一本足で打ってもいい。アッパースイングでもいい。どんな型であっても、打球を強く飛ばせればよいのです。勉強方法。音楽を聴きながらする人もいます。目で読むのでなく、声を出し

て耳で聞いて覚える人もいます。正解は人によって違うのです。常識とはあくまで平均値や中央値でしかなく、絶対なものではないのです。他人の常識ではなく、自らの常識を作っていきましょう。

歴史も見る視点によって解釈が変わります。新大陸の発見か、異民族の侵略か。ときの為政者によって都合よく書き換えられています。同じ地図でも、呼び名が変わる。国境線が変わる。竹島と独島。日本海と東海。台湾の扱い。それぞれに主張、正しさがあります。爆破事件があったとします。テロ行為なのか、革命への英雄行為なのか、見る視点によって変わります。

常識を疑う習慣は、若ければ若いほど、身につきます。

年を重ねれば、過去の成功体験にしばられ、柔軟な発想がしにくくなります。自分の価値観が固まる前に、若いうちに異文化に飛び込み、人生を変えるような強烈な体験をすればいい。

まずは、色んな常識があることを知ることです。色んな価値観があります。自分と意見が違う人、反対意見にも、まずは耳を傾けましょう。

逃げるが勝ち!?

アメリカ留学時代に
出会った日本人は
アップルで要職につく
いわゆるIT長者
高校受験に失敗し
大きな挫折を経験
叔母を頼って渡米し
アメリカの高校に入学
コンピューターが好きで
たまたまバイトで
アップルに採用され
面白かったので
そのままバイト漬けに
iPodの開発を
担当していました
へ〜すごい
人を活かすも殺すも
環境次第だな…

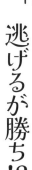

大学2年生から4年生のときまで、週に1度、不登校の子どものカウンセラーをしていました。学校に行かない生徒が学校の代わりに通う施設があり、そこで音楽、運動、料理、美術、勉強など活動します。大学生がお兄さん、お姉さんとして、子どもたち（小学高学年、中学生）と接します。車いすの人がカウンセラーをやるのも刺激になるだろうと、雇ってもらえました。

この施設に来る子どもたちは、完全な引きこもりではありません。たまたま学校が、クラスが、自分に合わなかっただけのこと。学年が変わったり、学校が変わったり、何かのタイミングで不登校でなくなることもありました。高校に進学したら、楽しく過ごせるようになった子もいます。

子どもには逃げ場がありません。学校が全ての時もあります。イジメに合う。仲間外れにされる。担任と合わない。同じ子どもでも、クラスが変われば何ともないということも多いのです。ただ環境さえ変われば上手くいくのです。

学校の勉強や活動も、その子どもに合った学習方法や学校との関わり方が選べると良いのですが、古い体質が残り、変化する社会に対して義務教育はアップデートできていません。クラス移動を柔軟にする。密室化しないよう多くの先生や外部の人が関わる。保健室登校を認める。子どもに応じた学習方法が選択できる。全て登校しなくてもリモートで受講できるようにする。管理だけが目的の理不尽な校則をなくす。学校のルールを押し付けすぎない。多様な価値観が認められるように、色んな方法があるはずです。

少し特殊な例になるかもしれませんが、米国ベイエリアで1年間生活していたときに出会った日本人は、アップルで要職につく、いわゆるIT長者でした。お金持ち面もしない、高級車に乗るわけでもない、ラフな服装で自然体な人。彼は日本の高校受験に失敗し大きな挫折を味わいました。特別な進学校を目指したわけではありません。ただ彼は受験勉強が苦手でした。仕方なく叔母を頼ってアメリカの高校へ。そのままアメリカに居残り大学に進学しました。コンピューター機器が好きで、たまたまバイトで入ったのがアップル。時給が桁違いによく、仕事も面白かったので、バイト漬けに。大学卒業前に家を買えたと笑っていました。まだアップルが世界企業になる前です。そのままアップルで働くことになります。私と出会った時は、音楽再生機

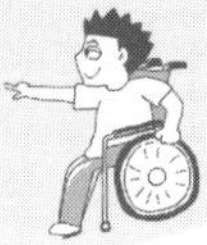

ｉＰｏｄの発売前。その開発を担っていました。レコード、カセット、ＣＤ、ＭＤを経て、音楽はデジタルになりましたが、その技術革命をしていたのです。日本では落第といわれた人が、アメリカで活躍するのを見て、人を活かすも殺すも環境次第だなと思いました。別の視点で見ると、日本社会は受験勉強が苦手なだけで、優秀な人材を逃したともいえます。

各々が、自分を活かせる場所を見つけること。地元がだめなら、他の場所で。日本がだめなら世界で。自由に選択できる。決断をする。気軽に移動できる。フットワークが軽いと居場所が見つかりやすくなります。

成功するまで挑戦したら失敗にカウントされない

失敗を後退する事だと考えているとしたら、それは大きな勘違いです。行動し続ける限り、後退はしません。失敗が続いても、後退ではありません。唯一、後退があるとするのなら、何もしないことです。とりあえず何もしないことを原点維持だと思っているかもしれませんが、それは違います。周りは動いているのだから、いつのまにか少しずつ後退しているのです。迷ったら、とにかく行動することです。

失敗したからこそ学べることが多いのです。失敗は後退ではなく貴重な体験になります。類型化して二度と同じ失敗をしないことが大切です。失敗は行動しないと起きません。もちろん成功も同じことです。幸せは向こうから歩いてきません。行動するからこそ、幸せをつかめるのです。

失敗に対する許容度が極端に低いのが日本です。何度も挑戦できるように、再起できるように社会も我々も寛容にならなければなりません。

行動したら幸せがやってくる

いつもと違う道を通ったら
車いすでも入れる
素敵な店があった！
!!
happyの語源はhappen
行動しないと
幸せはこない
自ら未知に会いに行こう
既知
未知
こっちや!!
うまくいかなくったって
困難を楽しむ余裕が
あればいいだけです
お゛～
道ふさがれとる!!
おもろ～!!

たまには、普段と違う選択をしてみましょう。駅に行く道を、いつもとは違う道にする。レストランでいつも頼むメニューではなく、違うものを注文してみる。いつもは見ないであろう、映画やドラマを見てみる。利き腕とは違う腕で動作をしてみる。

普段とは違う選択は、かなりの確率で新たな感動や発見に繋がっています。未知との遭遇は人生を豊かにします。しかしながら未知の方からやってくることは多くありません。行動するからこそ、新たな感動が落ちていて、それに出会うのです。

人間には、適度なストレスや刺激が必要です。ストレスもゼロだと、それはそれですごい問題になります。鈍感に

なる。腐っていく。違う価値観にたまに触れることは、脳への刺激となり、改めて自分なりの価値観を認識することができます。

大切なのは好奇心。なにか興味を惹かれることがあったら、そのことに熱中してみる。そうすれば、やりたいこと、自分の人生に何が大切なのか見えてきます。子どもの頃は、誰もが好きなことに熱中していたのですから。

想像するだけはタダ

友人を訪ねてアフリカのジブチに行くことに
青年海外協力隊
ジブチ
2001年の話です
でもメール事情は悪くＦＡＸにも返事はない
本人の住所もわからないがビザを発行してもらった
まあ行けばなんとかなる！
テレビ番組みたいに捜索活動してもおもしろいやんけ
人を頼ってなんとか友人を探し出し再会
きーじー!?
よう来たな！
友を探して三千里
根拠のない自信だったがやってみた甲斐があった
困難でも楽しみに変える
それが私の旅だ

実際に行動できるようになるために、イメージトレーニングは有効な手段です。自己完結するのでお金がかかりません。道具も必要ありません。手間も時間もとらない。通勤電車の中で、待ち時間のとき、ちょっとした空き時間で出来ます。ネガティブな思い込みを、ポジティブな思い込みに変化させます。

私は、海外渡航の際、入国審査や検疫で嫌な態度をされたり、トラブルを避けるため、笑顔を作ります。思わずニヤリとしてしまう過去の良い体験を思い浮かべてから通過します。大学生のときの就職活動。面接官と会う前は、最高の自分をイメージしていました。欧州一人旅を終えて帰国して税関を通るときの顔です。旅をやりきった。自信がついた瞬間です。自分では見られませんが、とても良い笑

顔をしていたと思うからです。

ある種の思い込み、自己暗示。根拠のない自信を持つことは、プラスとなります。脳というのは不思議なもので、目標をしっかり認識させておけば、意識していなくても勝手に目標に向けて進ませてくれます。

自分の仕事や出来事を振り返り、頭の中で映像化する。日記やメモにしてみる。アウトプットすることで、その事象をより客観的に見ることができ、冷静な判断が可能になります。

幸せは自分で決める

飛行機の中で出会ったソマリア人はイギリスで働くビジネスマン
I'm from Somalia
戦争さえなければソマリアはいいところだよ
え？なんで？
お腹が空いたらそこら辺の木から果実をとればいい
家がなくても大丈夫
そこら辺で寝ればいい
働かなくても気楽に暮らせる
ものを持たなくていい
いろんな幸せがあるなあ

9・11の同時多発テロが起こる前年、2000年にアラビア半島のかかとにある国イエメンを訪れました。道中の飛行機で隣に座ったのは、背が高く、鼻筋も通った、スーツを着こなすソマリア出身のビジネスマン。ソマリアはイエメンとアデン湾を挟んだ向こう側。彼は紛争のため母国を離れ、10年以上イギリスに在住していますが、戦争さえなければ、ソマリアはとても良いところだと言います。イギリスよりも良いよと言うのには目を丸くしました。理由を尋ねるとこう答えてくれました。

「お腹が減ったら、そこらへんの木から果実を取れば良い。家がなくても大丈夫なんだ。そこらへんの木の下で寝ればいい。働かなくても生活できるんだ。モノがなくても生活できるんだ。これって最高だよ」

目から鱗でした。働いて、稼いで、モノを買って良い暮らしをするのが豊かだと思っていたからです。イギリスでは、モノに溢れる生活はできますが、満員電車で通勤して、あくせく働き続けないといけません。働かなくても気楽に暮らせる。モノを持たなくていい。「そっちの方が幸せじゃない？」と彼は疑問を投げかけたのです。

ご存知のようにソマリアは内戦が続き、ずっと無政府状態です。映画「ブラックホークダウン」では、凄惨な殺し合いが日常のソマリアの街が描かれていました。トム・ハンクス主演「キャプテン・フィリップス」では、悪名高かったソマリア海賊が出てきます。そんな国が幸せだ（もちろん争いがなければ）とは、豊かさの価値観も人それぞれで

す。

一般的に、アフリカには、飢餓、貧しいイメージがあると思います。初めて南アフリカを訪れたとき、入国した空港の女性職員に「恋人にならない？結婚しない？」と誘われました。31歳と精悍な顔つきでハンサムに見えたのかもしれません。日本人というので金持ちに見えたのかもしれません。それは冗談として、車いすに乗っている私に声をかけるとは！障害のことを気にしていないのは純粋に嬉しかったのですが、あまりの出来事に驚きと戸惑いで、うまく返答できませんでした。

彼女も半分冗談、半分本気です。滞在中に分かったのは、「性に対するハードルが低い」「何歳になっても恋をする」

「恋愛を楽しむ風土がある」ということです。結婚していても、平気で恋人を作る。離婚、再婚も簡単にする。

離婚における最大のハードルは、子どもでしょう。子育てがネックとなります。シングルマザーの貧困は日本の大きな社会問題です。南アフリカでは、子育ては両親に依存せず、地域コミュニティで行われます。近所の子どもたちが集まって遊ぶ。地域の誰かがまとめて子どもの面倒を見る。資産もないので、誰の子かも気にしない。親の違う子どもが兄弟姉妹というのも気にしない。だから簡単に別れる、引っ付く、新しい恋をする。環境を変えていくのです。

ＨＩＶの感染率が高いなど問題もありますが、自由に恋愛をする。我慢してまで婚姻関係を続けない。離婚しても

再スタートが切りやすいともいえます。この面においては、日本より気楽な生き方なのかも。うらやましいと思いました。３組に１組が離婚をしており、良好な婚姻関係がずっと続くことは難しいのが現実なのに、不倫が重罪のごとく、芸能人などは非難されます。一方で繁華街には風俗店が溢れ、性犯罪も減りません。いびつな形で性に対する欲望が渦巻いています。

本音と建前。ダブルスタンダードで息苦しい日本人より、恋愛への欲望に素直に生きている、南部アフリカの人たち。それはそれで幸せかもしれない。旅行をしながら感じたものでした。

第四章

自己決定を増やしましょう

答えのない問題

車いすでの一人旅
Please keep the door open!
Sure!
人の手を借りる局面はたくさんあります
チップ目当てでついてくる子どももいます
その都度お金を渡すべきなのか
人としての優しさを覚えて欲しいから渡さないべきなのか
そもそも私にそんな綺麗事をいう権利があるのか
いつまでも忘れられない答えの出ない問題です

学校の勉強と社会の問題は違います。世の中には、答えが明確でない問題ばかりです。どの視点から考えるかで答えが変わることもあります。

計画を立て、効率を追求して、頑張って成果が出るのは、残念ながら、つまらないルーチンワークだけです。画期的で、ワクワクして、セクシーなプロジェクトは、計画を立てて効率的に、規則正しく健康的な態度からは生まれません。クリエイティブワークにとって、そんな真面目さは意味のないものです。

一生懸命がんばった原稿ほどつまらないものはありません。要した時間や労力がそのまま成果に反映するとは限りません。丸一日机に向かっていたからといって、独創的な

アイデアが出てくるわけでもない。感動させる作文ができるわけでもない。心に響く絵を描けるわけでもない。素晴らしいアイデアや発想や原稿、新企画はやるだけやったあとに、降りてくるものです。

答えのない問題を解くときには、細部を詰めないで前に進める。やりながら最適化を考える。方法論には執着しないこと。状況も変化するのが当たり前。言っていることも変化するかもしれません。やっていることも変化するかもしれません。決定してから、手法を考えることもあります。

多様化する現代社会において、答えのない問題を解く力は、特に政治や組織のリーダーに求められる資質です。時間も限られるため、目標達成への最短行動を選ばなければ

いけません。全員にコンセンサス（合意形成）を取っていると、問題がより深刻化して、答えも出せなくなる。東日本大震災での原発事故、災害支援、不祥事の対応などです。周囲の人も、先走っている、独断的だ、十分な合意形成が得られていないと怒るのではなく、温かく見守り、リーダーを信頼してついていかなければなりません。

車いすでの一人旅、誰かの手を借りる局面は多々あります。その都度チップを渡すべきなのか、私はいつも考えます。

カンボジア旅行中、子どもが車いすを押して、ずっとついてきました。ずっとついてくるということは、家に帰っても何もないということです。チップをもらうことに固執する子どもの中にはセコい子もいます。私はこの子たちに

優しさを覚えてほしい。ずる賢くなってほしくない。
けれど、金持ち国から来た私が、そんな綺麗事をいう権利はないのです。
これもいつまでも忘れられない、答えの出ない問題です。

無意識の偏見は意識的な悪意より残酷

人は皆ある種のバイアス（思い込み）を抱きながら生きています。目の錯覚も脳の思い込みです。無意識の中で、思い込みで物事を判断しているのです。

無意識の思い込み。英語でアンコンシャス・バイアスと呼ばれます。人と人とのコミュニケーションの中で、善意であっても、相手には不満が残る。差別的だと感じることがあります。世界的に注目されるきっかけとなったのは、2018年にスターバックスが全店舗を一斉封鎖して行った従業員の研修です。店舗において、人種（肌の色、見た目）によって接客に差があることが明らかになりました。「悪意をもった意識的な差別」ではなく、「無意識の偏見による悪気のない差別」でした。

サービス提供側からは、最初から決めつけをやめて確認しましょう。サービスを受ける側からは、誤解されていることもあるから伝えましょう。思い込みは人間の本質でもあり、完全に無くすことはできません。
思い込みがあることに気づき、意識することです。

公民権運動のマーティン・ルーサー・キング牧師†の言葉「善意の人の浅はかな理解は、悪意の人の絶対的な誤解より腹立たしい」Shallow understanding from people of good will is more frustrating than absolute misunderstanding from people of ill will.

世界中を旅して感じることは、多様な人種や民族が共存している国は、障害者差別も少ない。アメリカ、ブラジル、

† Martin Luther King Jr.（1929–1968）

インド、ニュージーランドなどです。カリブ海のトリニダード・トバゴもアフリカ系とインド系が混じる国ですが、人々はフラットです。色んな人々が住んでいるので、違いに対する免疫があるから、障害による違いも希薄される感じです。多様性のある社会とは、つまるところ慣れでもあるのです。

無意識の思い込みは、人にだけでなく、物や事象に対しても沢山あります。東日本大震災の原発事故で使われた「想定外」という言葉は、事故など起きないという思い込みです。

物の見方を変えていきましょう。と言われても、すぐに変わるものではありませんが、何か行動をするとき「違う

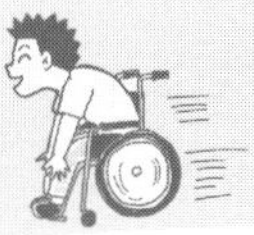

角度からも見てみる」「他の可能性も考えてみる」ことです。それをメモする。この習慣によって、物事を客観的に見られるようになります。

思い込みは、感情によって左右されることがあります。思考と判断が冷静さを失わないように、まずは自己の感情を知ることです。個人的な好き嫌い、勝手な都合で、思考判断していないか、一歩引いて考える習慣をつけましょう。

今日は何を食べようか、どこに遊びに行こうか、一夜の恋愛などは、むしろ感情で動いて良いのですが、人生の岐路における判断は、感情に左右されないことです。周りに適切な助言を与えてくれる人がいることも重要です。

無意識の思い込みが我々の心の中にあることを知り、それに惑わされないようにする。そう考えることを習慣にしていけば、人生の様々な局面で、適切な判断をすることができるようになるでしょう。

好きなことをしろ、未来は不確実だ

大学生にキャリア形成を考える授業をしていますが、彼らがビジネスの世界でバリバリ活躍するのは20年後。そのとき社会がどうなっているか誰か予想できる人はいるでしょうか。

日本が誇る自動車産業も、電気化が進み、どうなるのか、予想はつきません。医療でも、遠隔治療、ＩＴ診断、薬のネット宅配が進めば、開業医の状況が変わるでしょう。

確実にいえるのは、ボーダーレスな国境なき社会が進むこと。好き嫌い関係なく、外国人労働者は増えるし、海外で働く機会ももっと増えます。所属する集団に閉じこもり、既得権益を守ることしか考えない閉鎖性では、いつのまにか周回遅れになって、世界から取り残されてしまいます。

漠然とした危機感は持っていても、実際に行動することは難しいものです。わかっているけど、現状を維持するしかない。でもその毎日には満足していないという人が多い。不満があるのなら、周りの人はどうであれ、自分の気持ちに素直になって、何かをスタートした方が絶対いい。未来なんてわからないんだから行動に移しましょうよ。

切り捨てる勇気

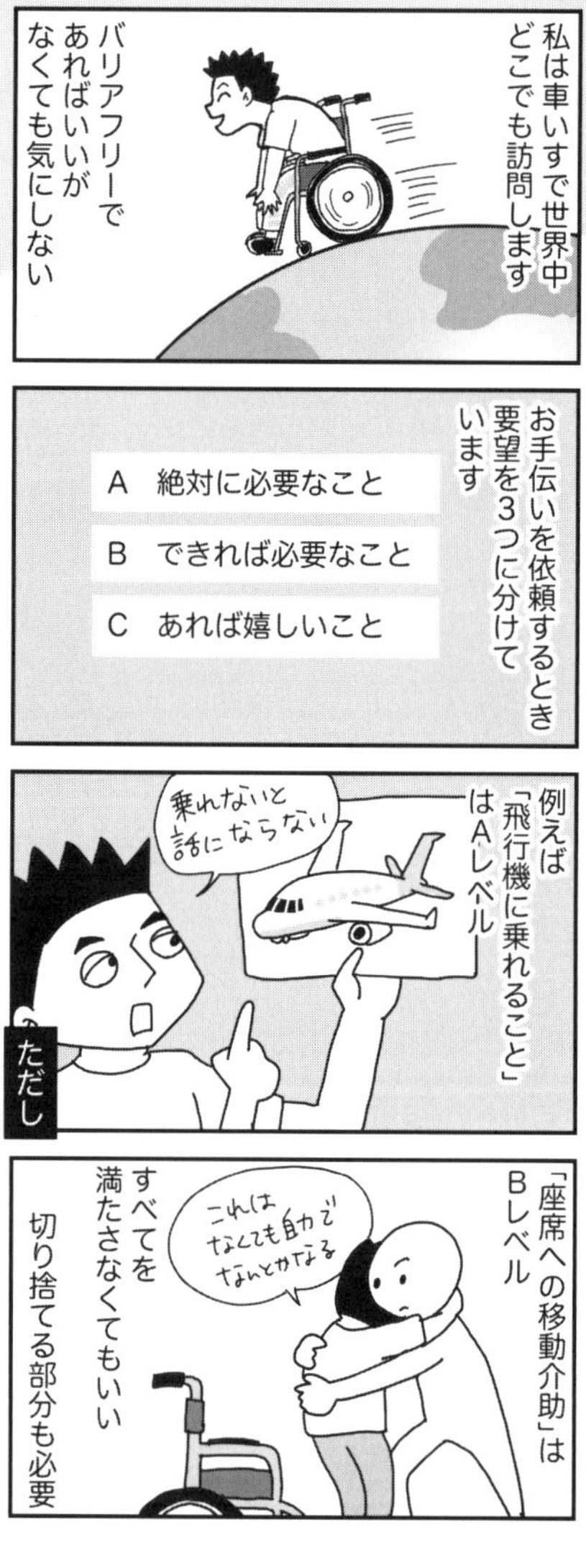
私は車いすで世界中どこでも訪問します
バリアフリーであればいいがなくても気にしない
お手伝いを依頼するとき要望を3つに分けています
A　絶対に必要なこと
B　できれば必要なこと
C　あれば嬉しいこと
例えば「飛行機に乗れること」はAレベル
乗れないと話にならない
ただし
「座席への移動介助」はBレベル
これはなくても自力でなんとかなる
すべてを満たさなくてもいい
切り捨てる部分も必要

広告会社に勤務していたとき、商品のネーミングをする仕事をよくしていました。最初はひたらすらアイデアを出す。そこから幾つかに絞って、ロゴやパッケージも作成し依頼主に提出。依頼主の会社の社長や役員が、最終案の中から一つ決めるというものです。

大切なのは、何を基準に商品名を決めるのか、その前提がないと、現場は混乱します。いたるところで、ちゃぶ台がひっくり返るのです。

判断の基準となる根拠。その優先順位を決めないといけないのです。インパクト重視、覚えやすい、真面目である、洗練されている、効果が明確にわかる、若々しい。依頼を受けるときに、何を重要視するのか聴いておかないと作業がめちゃくちゃになります。ネーミングは明快な正解のな

い問題ですから。

私は車いすでの生活をしており、世界中どこでも訪問します。バリアフリーな設備があれば有難いですが、なくても気にしません。配慮やお手伝いを依頼することもありますが、要望を三つに分けています。

Aレベル「絶対に必要なこと」
Bレベル「できれば必要なこと」
Cレベル「あれば嬉しいこと」

全てを満たそうとはせず、完璧は求めません。切り捨てる部分も必要です。

例えば、飛行機の搭乗です。「飛行機に乗れること」はAレベルの絶対に必要なこと。肌の色、障害の有無などで拒否があってはなりません。誰もが移動する権利があります。「一人で乗れること」もAレベル。介助者をつけなさいは困ります。ただし「座席への移動介助」はBレベルとしています。お手伝いができないことがあっても仕方ないとします。従業員が手伝うのが無理なら、周りの親切な人に頼んでお手伝いしてもらえばいいのです。「食事の介助」は「あれば嬉しい」というレベルなのでCレベルです。避けなければならないのは、Cレベルを要求して、Aレベルが拒絶されること。食事の介助はできないから、飛行機に乗ってはいけませんになっては本末転倒です。

車いすの子どもが、地元の小学校に行きたいとします。

学校側はエレベーターがないので入学を断りました。エレベーターの設置はBレベル、あるいはCレベルで、絶対に満たされないといけないことはありません。エレベーターがないのなら、該当生徒の教室を1階にすれば良いだけです。

要望をすることは悪いことではありません。ただ重要度を分けて話し合えばいいだけ。これは出来て、これは出来ない。混同してはいけません。

アメリカ人とのビジネスで教わったのは、10ほどの要求をお互いに並べて、どの要求を飲んで、どの要求は飲めないのか、互いにカードを出し合いながら、話し合うのが良いとのこと。単純なイエス、ノーではないんです。日本人

は妥協点を探るのが出来ないから困るそうです。

仕事を選ぶ。配偶者を選ぶ。学校を選ぶ。住む場所を選ぶ。住居を買う。車を買う。商売をする。自らの希望を全て満たすことは現実にはありません。判断する上で、決断する上で何を重要視するのか、優先順位をつけておきましょう。

第五章

選択肢を複数もちましょう

プランBを用意する

車いすのトイレ問題は
とても厄介
私は排泄はできるが
「我慢」はできない
トイレがないときの
プランBとして
尿瓶をいつも
持ち歩いている
備えあれば憂いなし
間にあった～っっ
使わなくていいときは
ラッキー
あるのとないのとでは
精神的余裕が全く違う
次の行き先
トイレあるかな…
でもいざと
なれば…
尿瓶がある っっ
ぐっ

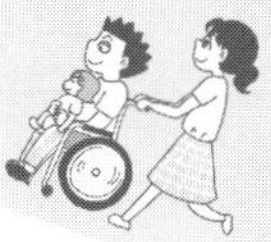

「一つのアイデアしかない時は、そのアイデアはこの上なく危険である。」哲学者エミール・シャルティエ†の言葉です。

プランBがない危険性。予定通りいかなかったときのリスク管理……。コロナ禍、東京オリンピック・パラリンピックの場当たり的な対応で、これらがこの国に欠けていることを多くの人が再認識したことでしょう。根拠なき楽観論で押し通し、失敗しても自分で尻をふかない。

どれだけ想定しようとしても、想定外は起こってしまいます。競馬でも絶対本命の馬が負けて、これはないという馬が勝つこともあります。10数頭の競馬でも予想は簡単に覆るのに、大自然を相手に想定などできません。人間の世

† Émile-Auguste Chartier（1868–1951）

界で複雑に絡み合う、失恋、離婚、リストラ、事故などの不幸も、想定できません。

しかし、そのような事が起きるかもしれないと、リスクを管理する。計画がうまくいかなったとき、プランBを準備するのは実力であり、能力です。冷静に、慌てず、臨機応変に対処できるのかは、いかに準備しているかで差が出ます。

何か行動をするときに、逃げ道を用意しておく、プランB、プランCを計画するのは大切です。保険というのも、不幸や失敗に対して相互扶助する仕組みです。常に幾つかのオプションを持つことを意識しましょう。

「体が異質のたんぱく質を拒否するように、心は異質のアイデアを嫌って激しく抵抗する。」動物病理学者ベヴァリッジ†の言葉です。

心もプランBを嫌います。正しさを信じ込んで疑わない人がいますが、それが一番恐ろしいかもしれません。正義はあなたの絶対であっても、立場が変われば正義も変わるからです。まだ確信犯の悪者のほうが理解できます。悪人もある一定数は社会に存在しても仕方ないと思えます。悪人が全くいない社会、犯罪がゼロという社会というのも気持ち悪いものです。もちろん多いのは嫌です。少ないのが良いです（笑）。無菌な社会で育つと、免疫もつかずに、ちょっとの変化で崩壊してしまう危険性がある。

† William Ian Beardmore Beveridge（1908-2006）

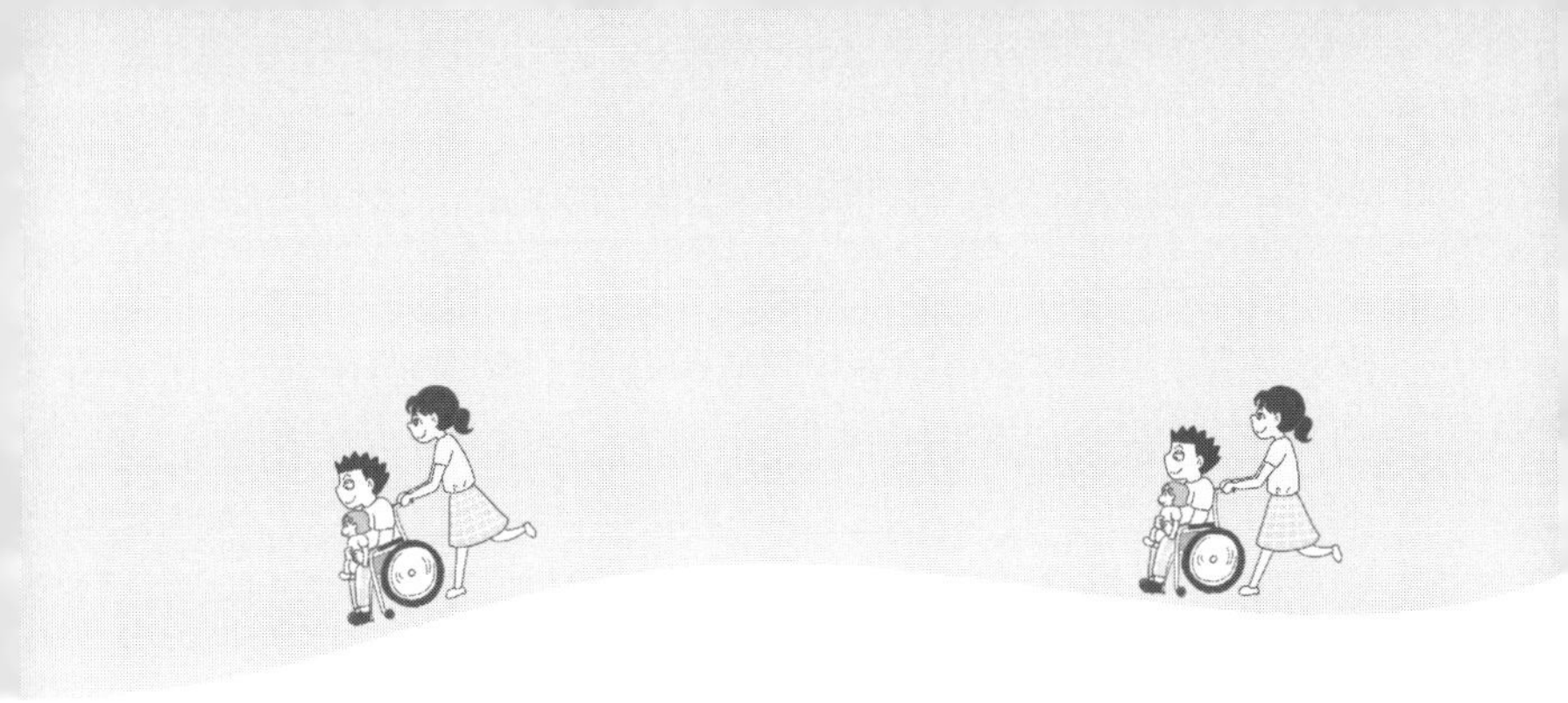

思想においても、プランBが欲しいところ。多様な価値観を自己の中にも持てれば、社会の変革にも適応できるようになります。

貧困を避ける

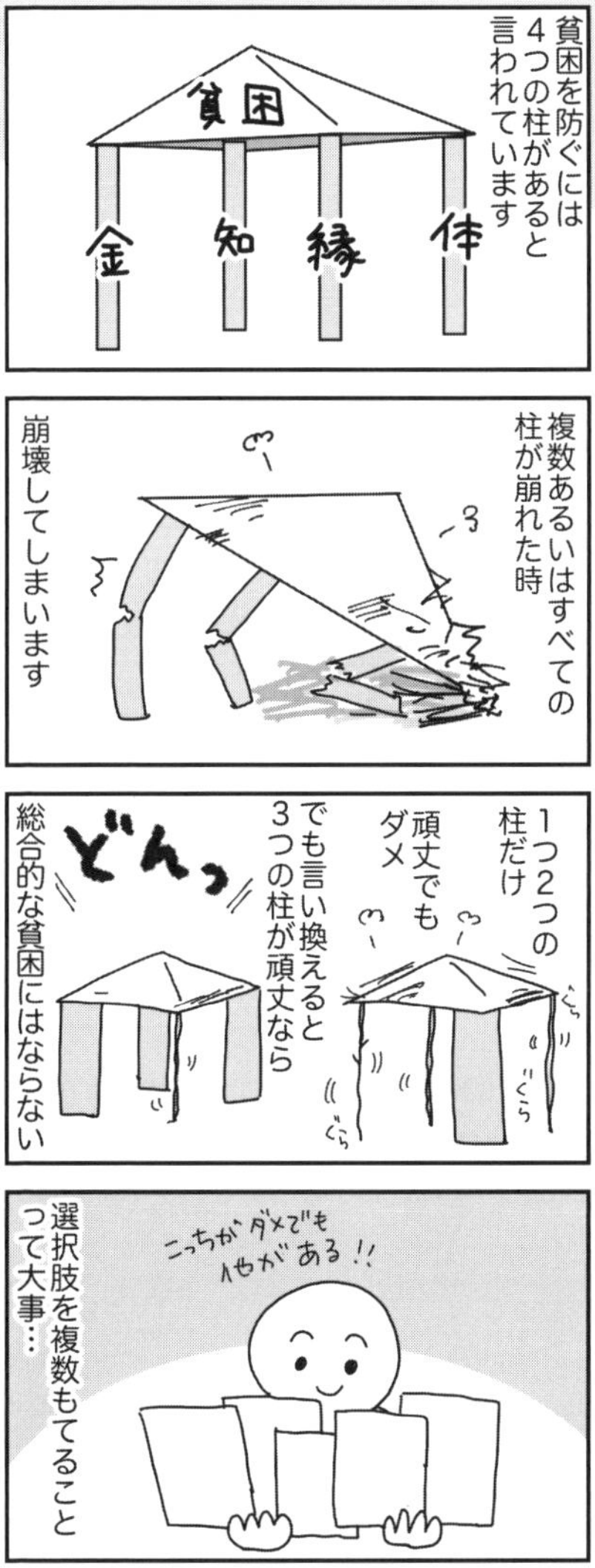
貧困を防ぐには
4つの柱があると
言われています
貧困
体
縁
知
金
複数あるいはすべての
柱が崩れた時
崩壊してしまいます
1つ2つの
柱だけ
頑丈でも
ダメ
ぐら
ぐら
ぐら
でも言い換えると
3つの柱が頑丈なら
どんっ
総合的な貧困にはならない
選択肢を複数もてること
って大事…
こっちがダメでも
他がある!!

貧困には、四つの柱があるとよく言われます。複数の柱が崩れたとき、その全てが崩れたとき、崩壊してしまいます。

一つ目は、金の貧困。文字通りお金がないこと。誰にでもわかるものです。

二つ目は、知の貧困。行政サービスの受け方、節約方法など、生きる上での知識がないこと。

三つ目は、縁の貧困。困ったときに助けてくれる友人や知人、家族がいないこと。

四つ目は、体の貧困。健康でない。老いたりすることです。心の健康も含みます。

「お金」は、数値化され日常生活に身近なため、問題が

あるのかどうか最も気が付きやすいです。「体」も健康診断、各種検査の数字があり、気が付きやすいです。定期的に自分の身体をメンテナンスする、医師の診断を仰ぐことも大切です。表面化しにくいのは「知」と「縁」です。数値化できず、日常的ではないので、自らが貧困状態であることに気がつきにくいのです。

生活において、一つ、二つの柱だけが頑丈でもダメです。四つの柱がきちんと立っているか確認しておかなければいけません。グラグラと柱が揺れ始めたときに気づき、崩壊を防ぐことができれば、貧困状態になることを遠ざけられます。

また言い換えると、金の貧困があっても、他の三つの柱

が頑丈なら、総合的な貧困にはなりません。お金を稼ぐのは大変です。家族の借金や、介護など、自分だけで解決できないこともあります。そんな時、金の貧困を解消するのに必死になるのではなく、「知」「縁」「体」を大切にすることで、幸福感を得られるのです。

貧困状態の最大の欠点は、選択肢が狭まることです。どんなときでも、複数の選択肢がもてること。逃げ道も用意しておくことが大切です。

経済的なゆとりを持つ

世界を放浪した友人が
両親亡き後実家に戻り
家の半分を改造して
カフェを作りました
とんでも立地ですが
家賃は無料
隠れ家的なところを
活かし
世界のミニライブを
たくさん企画
世界で集めた民芸品を
展示し
人が集まる場を
つくりたい…
お金は儲からないが
コストをかけず
想いを結実させた
すごいな〜と思います

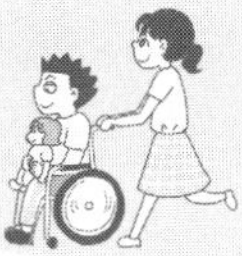

経済的なゆとりがあれば、選択肢が増えます。逆に、経済的なゆとりがなければ、選択肢がなくなります。心のゆとりもなくなると大変です。だから、働いて、稼いで、経済的なゆとりを持つ。ところが多くの人が矛盾に気づきます。一生懸命に働いてきたのに、豊かさが実感できずに一生を終えてしまう。残酷な話です。

ある程度の収入を得たとしても、生活コストがかかりすぎると大変。収入が多くても、出費が多ければ、手元には残りません。さらに、失職、倒産、災害、大病、事故、何かあったときに、余裕がなく、すぐに生活が破綻してしまいます。

住宅、教育、老後。この3大出費。お金がかかりすぎる

から、複数の子どもを持つことを諦める人もいます。住宅ローンの奴隷となり、自由を奪われている人もいます。せまい道路に集中させられ、多くの人が同じ土俵で勝負しないといけない。お金を稼ぐ方法を見つける。能力をつけるのも良いのですが、なかなか厳しい環境です。

基本的な生活費（家賃、ローン、通信費、光熱費、保険、食費）が高いと、毎月必ずそれだけを稼がないといけないので大変です。出費を抑えること、家族が多いときは、外食を控えることとです。収入が少なくても、出費が少なければ、余裕のある生活が送れます。娯楽、旅行、外食など、その余裕に応じて使えば良いのです。お金の使い方も、欲しいものから計算して管理するのではなく、今あるお金から、どうしていくのか考えていけば基本的には困りません。

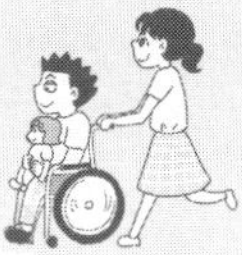

料理ができる能力は、かなり重要です。そして、料理が好きならば、出費を抑えたうえに、楽しさ（豊かさ）まで加わります。健康にも良いです。手順を考えること、細かく手を使うので、高齢になってからは認知症にも有効といわれます。

食材を調達できる能力もあれば、更に豊かです。自分で野菜を育てる。山菜を摘む。魚を釣る。その行為を楽しむと、趣味と実益の一挙両得ですね。

節約する。自分で作る。そんなの面倒くさい。その労力を、仕事に廻した方が効率的という人もいるでしょう。お金を稼げる人は、そこに集中して、どんどん稼いでください。ただし、自分のバランスシートには注意。たくさん入っ

てきても、借金が多い、たくさん出るようではダメです。自由に使えるお金がいくらあるのか、経済的なゆとりを持ちましょう。

ところで、世界を放浪していた知人が、両親が亡くなった実家に戻り、家の半分を自分で改造してカフェにしました。かかったのは材料費のみ。世界で集めた民芸品などを展示。マーケティング的にはありえない、トンデモ立地ですが、実家なので家賃が無料。それでも人件費はかかります。お客さんが来るのか私も不安でしたが、オープンして15年が経過！隠れ家的な空間で、世界の音楽ミニライブをたくさん企画。お金が儲かるわけではありませんが、人が集まる場を作りたいという思いがそれを結実させました。すごい人です。

社会関係資本

私の旅はほとんどが一人旅だが
友達を訪ねることも多いし
よう来たなあ!!
現地で友達を作ることも多い
子どもが生まれた後も
学生時代の友人と家族づれで遊ぶこともしばしば
たくさんの人との交流を通じて
子どもたちの世界も拡がって欲しいなあ

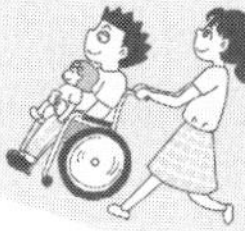

「つながり」や「人脈」は、ソーシャル・キャピタル（社会関係資本）とも言われます。人生が豊かな人は、この社会関係資本を多く持っています。

悩みがあるとき、相談できる人がいるのは、心強いものです。友達なんて必要ない。多くなくて良いという人もいます。確かに、人間関係には距離感が難しく、深すぎても、浅すぎてもダメで、こちらも正解はありません。それでも、多様な人脈があることが、財産になるのは間違いありません。

他者との距離感を上手にとれる。それはコミュニケーション能力とも言い換えられます。コミュニケーション能力。人とつながる力は、生まれ持っての才能や資質という

より、環境や慣れが大きく影響します。

小さな子どもが大家族の中で育つ、賑やかな地域で近所の人達に揉まれるのと、マンションの高層階で一人っ子で育ち、コロナ禍で外出も少ないと多様な人間関係の距離感を学ぶ機会も減ります。そんなときは、意識的につながりをもてる環境に身を置く。習い事やイベントなどに参加して、多くの人と接する機会を意識的に増やすことです。

家族や友人、職場の同僚、チームメイトといった、強いきずなは、現代社会では窮屈かもしれません。知り合い程度の、弱いきずなでも、社会関係資本です。会ったことはないけどSNSでつながっている。情報交換や相談ができる。それも良いでしょう。

「つながり」や「人脈」を高めるのは、能力ではなく習慣や環境なのです。閉じられた環境の狭い価値観での世界にいると、自分自身の世界に拡がりがありません。選択肢も限られてしまいます。多様な社会に身を投じるように意識しておけば、自然にコミュニケーション能力、社会関係資本が高まります。

道がなくなれば自分で作る

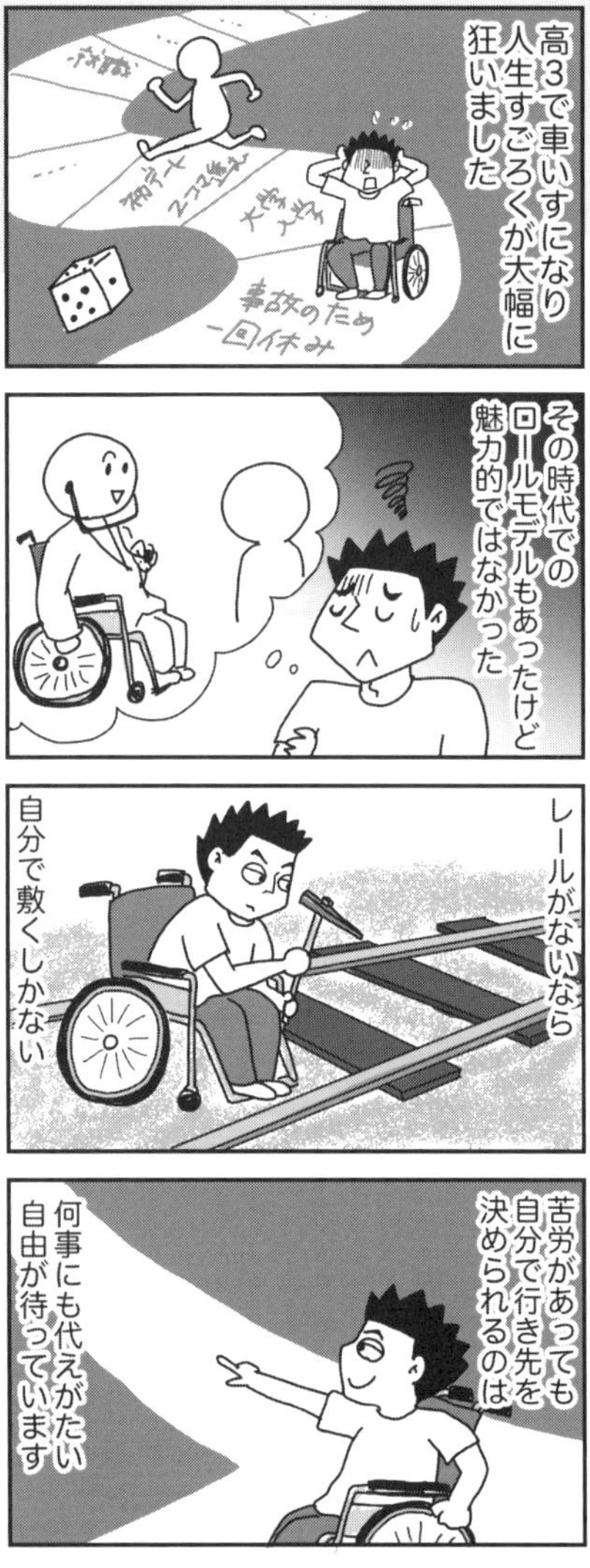

人生すごろく。今まさにサイコロを振るところ。そのコースが一種類しかない場合、最悪です。一つしかないレールが自分に合わなかったとき、やり直し、ルート変更ができないからです。

私は高校3年生で車いす生活になり、人生のレールが変わりました。社会復帰を目指すうえで、どんな生活をすればいいのか、どんな仕事をすればいいのか、その時代でのロールモデル（手本）もありましたが、私には魅力的ではありませんでした。レールがないのなら、自分でレールを敷くしかない。それで進んでいくことにしました。決められたレールの上を速く上手に進めるのも能力ですが、レールを敷いて進む方法もあると分かったのです。苦労があっても、自分で行先を決められるのは何事にも代えがたく、

自由が待っています。

地方にいると、多様な職業の選択肢というのは限られます。日本の大企業は東京一極集中。高等教育の進学においても地方だと選択肢は限られてしまう。希望のものは東京や大都市にしかないこともしばしばです。近くに学識のある人、富裕層、海外で働く人がいない場合は、高校生くらいまでの子どもにとってそれらは、テレビや小説の世界であって、自分が体現するような想像ができる世界ではありません。人生すごろくの解像度、マス目の数、種類にどうしても差ができてしまう。

自分がどんな日常から作られているか、自分に問いかけることは難しく簡単に出来ることではありません。置かれ

ている環境に格差があるのは、どうしようもないことです。不利な場合もあれば、恵まれた場合もあります。それを自覚し、どんな問題があるのか把握できれば、解決のために何をしたらいいのか、ある程度は逆算できて、努力の方向性が見えてきます。

スポーツの強豪校が、ずっと強さを継続できるのは、身近に成功した先輩達を見られるのも要因です。苦しい練習をした努力の先が見える。目標とするロールモデルがいる。ゴールをイメージできるかどうかが大きな差となるのです。

人生すごろく。そのゴールは一つでなく、色んなゴールがあります。進み方に王道はなく、戻ってもいい、脱線し

てもいい、新しい道を作ってもいいのです。可能性は自ら切り拓けると信じて、自分に最適なゴールへと進んでいけると幸せでしょう。

第六章

運を引き寄せましょう

恥をかいても損切りせよ

不幸や災難も一定の確率で誰にでも訪れます。しかし、その発生確率を下げることができます。災害も完全に防ぐことはできませんが、被害を減らすことができます。

人間ですから、過ちを犯すこともあります。判断ミス、失敗もあります。そのときに的確な現状把握をせず、根拠なき楽観論を持つのは危険です。嘘に嘘を重ねて、取返しのつかない事態になるのは避けるべきです。ハラキリ文化が残る日本は、損切りがとても苦手で、誰かに責任を押し付け、ハラキリをして事態を収束させられることがあります。死人に口なし。責任が不明確なまま収束して、根本的な問題解決がされないのです。

世界を旅したとき、現地の人と仲良くなるのは旅の最大

の魅力です。出会いは宝。おしゃべりをして、時にはご飯も食べる。観光地を案内してもらうこともあります。夜の街に出向いたり、お酒を飲むこともあります。悪い人もいて騙されることもありますが、大金を持ち歩かないから大丈夫です。全くお金を持っていない。ゼロだと怒らせてしまうので、見せ金は用意しておきます。貴重品や全財産を持っている時には、ひょこひょこと付いていくことはしません。リスク管理です。

開発途上国や、ベタな観光地など、タクシー代、商品の値段、価格交渉で揉めることもあります。後になって価格を変えてくる。何かと追加料金を加えてくる、悪徳な人もいます。怒らないように、なるべく笑顔で、交渉するようにしています。最悪なのは、相手を逆上させて、暴力をふ

るわれたり、命を落とすことです。

間違った選択をしてしまった。ドツボにはまってしまったとき、恥をかくことを恐れず、早い段階で損切りすることは、世界を旅するときに必要な能力です。

バスでの移動中、お腹を壊してうんちがしたくなりました。バスを止めるのも恥ずかしい。もう少しで到着するだろうと我慢していたら、渋滞にはまり動かない。で、漏らしてしまった。

飲食店を開店したけど、お客さんが入らない。マーケティングが不十分で、その立地ではそもそも無理なのに、もう少し続ければ状況は好転するかもと、撤退時を逃し、借金

が膨らみすぎ、飲食店を続けることができなくなったなど。恥をかいてでも「損切り」が必要な場面は多くあります。

被害を最小限に食い止めるために、欲張らず冷静に状況判断をして対処しましょう。きっとまた次のチャンスは訪れます。

幸せは連鎖する

ボリビアで高山病になり死にかけたとき
毎日病室に出前してくれたけんちゃん
彼は南米をバイク縦断中事故にあい入院
そのまま現地のナースと結婚
Japanese けん ちゃん
路上屋台で焼きそばを売ることから始めて日本料理店を複数経営するとこまでステップアップ
心豊かな人でズボンなどもくれました
息子をテコンドーのオリンピック選手にしたいんだ
14年後東京五輪をテレビで見ていて驚き！
鈴木セルヒオ選手…
!!
夢が叶ってる!!!
ケンちゃんの息子だ！

イエメンで漁師たちがマッコウクジラの死骸の中に、１２７キロの竜涎香（アンバーグリース）を見つけ、１億７０００万円ほどで売れ、その売却金の一部は地元の生活困窮者の支援に使い、残りは漁師仲間で分け合ったとニュースになりました。得たものを独り占めにしない。富を仲間で分け合う。普段から周囲への感謝がある人達なのでしょう。幸運を皆に分け与えらえる人だからこそ、神からの贈り物が来たのかもしれません。経済的にはとても貧しいイエメンの漁師たちですが、その心は貧しくなく、豊かです。

ボリビアのウユニ塩湖で高山病になり死にかけて入院していたとき、毎日病室に出前してくれ、話し相手になってくれた日本料理店「けんちゃん」のオーナーは、「息子が

テコンドーをしていて、日本代表としてオリンピックに出場させるのが夢」と語っていました。けんちゃんは南米をバイク縦断中に転倒して入院。そのまま現地の看護師さんと結婚。路上屋台で焼きそばを売ることから始めて、日本料理店を複数経営するまでステップアップと独自の人生。退院するときには、ズボン、Tシャツ、下着など洋服もくれる、心が豊かな人でした。14年の時を経て、東京五輪をテレビで見ていたら驚き。テコンドー代表に、鈴木セルヒオの名前。けんちゃんの息子だ！調べると弟のリカルドも日本代表でした。東京が開催地となり、故郷に息子が日本代表として出場する。夢が叶ったのです。

　普段から、他人を助けるのがクセになってる人は、いざ自分が困ったとき、助け合いの場面に慣れているので、自

分から、助けて！とヘルプしてもらうのも上手な傾向があります。助けることに慣れている人は、困った場面をよく知る人。お互い様の精神で、助ける場面が多い、それに慣れていると、逆の立場のとき、助けも求めやすいのです。卑屈にもならなくて済む。

親切の持ち回り。人を手助けすることは、巡り巡って、自分にも返ってくると信じています。やった分だけ返ってくるわけではありません。数値化されるわけでもなく、直接的、間接的、大なり小なりありますが、自分ができる範囲で、できることをすれば良いのです。

「大丈夫ですか？」「何かお手伝いしましょうか？」声掛けでなくても、アイコンタクトで確認。大げさでなくてよ

いのです。ちょっとした声を掛け合える関係性、ちょっとした親切ができる社会は、善意の連鎖を生み、心を幸せにします。

そしてそれこそが心のバリアフリーなのです。

あとがき──幸せは人生の目的じゃない

幸せとは何か？この本の原稿を通して考えてきました。一言で言うならば、幸せとは、追いかけてしまうと逃げる影のようなものでしょうか。幸せを求めることは人生の目的ではありません。結果として現れるものです。

全てが完璧な人間はいません。同様に完璧な人生もありません。幸運もあります。不運や災難もあります。何か出来事が起こっても、10回のうち6～7回は幸せと感じることができれば充分です。

不運なこと、災難に遭っても、不幸せも楽しむ余裕があれば最高です。人生の経験になる。修行である。話のネタになる。次に良いことが起きるまでの前菜である。良いことがあれば、悪いことも起きます。全ては、自分がそれをどう捉えるかです。

目標に向けて頑張り過ぎるのは気を付けてください。時には休憩をしましょう。気持ちには浮き沈みがあるもの。テンションをずっと高く維持しようとするのも間違いです。ダイエットと同じで必ず反動がきます。

調子のいいときこそ、一歩引いてみること、一歩引いた時間を作ることが有効です。自分だけの癒しの時間を作る。お酒を飲む。音楽を聞く。動物を触る。チョコを食べる。映画を見る。特別な行動である必要はありません。些細なことで良いのです。自分時間を作れる習慣が、一つでも、二つでもあると、幸せ度につながります。

お金がある、収入が多いことだけが豊かさではありません。自己決定のもと、多様な選択肢から、選べることが豊かさです。他者の評価に振り回されることなく、自分なりの価値観を持ち、自己を愛する。皆さんなりの、最適な人生を築いてもらえれば、幸せです。

漫画担当&編集　あとがき―かんべみのり

「車いすで世界中を旅している先輩がいて、すごいウェブサイトを作っている」と、聞いたのは2000年の春。私は大学2年生で、きーじーは既に社会人でした。サークルのOBであると同時に、私の父の友人の部下でもあるということで、すぐに会う機会を作ってもらいました。

あの頃のきーじーはまだ二十代。仕事も旅行も楽しくて仕方ないのか、ギラッギラしたオーラが出ていて、エネルギーの塊のようでした。きーじーの口から語られる旅行のエピソードには、失敗談もたくさん含まれていて、「俺なんか、バス旅行でうんこ漏らしてんで」というような話に、まだ二十歳の乙女だった私はどう反応したらいいのか迷うこともありましたが……。とにかく彼の言葉には飾りがなかった。あまったれた大学生の私に、厳しい言葉を投げかけたのもきーじーでした。喧嘩になったこともあったけど、数年経って「あの時きーじーが言ってたのはこのことだったんだ」とわかるのです。

一番覚えているのは、ＮＨＫのドキュメンタリーに取り上げられた彼に、無理を言って収録に同行させてもらった時のこと。そこで働くＡＤの人たちがかっこよくて、スタジオのセットの向こうにいるきーじーもかっこよくて、就職活動をちゃんとしていなかった自分と比較して妙に胸がざわつきました。そしてその帰りに、「どうしてもこの店のＴボーンステーキを食べたい」と連れて行かれた店で、お会計の金額を見てきーじーが青ざめて、「ごめん、みのりちゃん３０００円だけ出して」とめちゃくちゃかっこ悪いことを言っていました。今考えたらきーじーも社会人３年目で、だいぶ背伸びしたのに、伸びきれなかったんだろうと笑ってしまいます。

きーじーはよく、「振り回されるより人を振り回す方になれ」と口にしていました。

そして本当に振り回すもんだから、二十代の私の馬力ではとてもとても太刀打ちできませんでした。あんな大怪我で生きるか死ぬかの瀬戸際から生還し、旅行先でのトラブルもものともせず冒険しているような人のエネルギーに勝てるわけないんですけどね。「一度会ったらお腹いっぱいになるから三年は会わんでええわ」と、ＳＮＳで元気な姿を見ているのが日常になっていました。

きーじーが亡くなったのよ、という信じられない一報を聞いたのは2022年の7月の終わり。きーじーが?嘘でしょ?あんなにパワフルで、殺しても死ななそうな人が?

現実を受け入れるためにご実家に伺った際に、「英登君が遺していた完成原稿があるんです」と渡されたのが、この原稿です。コロナ禍の自宅待機の期間に書き上げたものと思われ、章立ても全て終わっている几帳面な原稿で、そのマメさに感心しました。と同時に、「はじめに」のパートが絵になって私の脳内に迫ってきました。なんとかして形にさせてください、と、原稿を託していただきました。

きーじーは「俺、欲しいもの全部手に入れたわ」と、お母様に対して言ったことがあったそうです。だろうな、と私もこの原稿を読んで思いました。彼女が欲しい、旅行に行きたい、と前のめりに突進していた若い頃のギラギラしたきーじーではなく、その頑張りの結果、素晴らしい家族を作り、幸せを実感していたであろうきーじーの姿が、原稿の行間から垣間見れました。心の中のきーじーと何度も対話をしながら原稿を編集していきました。きーじー、言っとくけどこれは、Tボーンステーキのお礼だからね。

幸せという目に見えないものを簡単に定義することはできませんが、本書を通して、木島英登という一人の人間の人生にふれ、読んだ人それぞれが、満たされた心の状態に気づくきっかけになれば幸いです。

幸《しあわ》せとは何《なに》か？
最適《さいてき》な人生《じんせい》の見《み》つけ方《かた》
空飛《そらと》ぶ車《くるま》いすからのメッセージ

2024 年 8 月 31 日　初版第 1 刷発行

著　者　木島英登
まんが　かんべみのり
編　集　かんべみのり・瀬口郁子
発　行　神戸大学出版会
〒 657-8501　神戸市灘区六甲台町 2-1
神戸大学附属図書館社会科学系図書館内
TEL　078-803-7315　FAX　078-803-7320
URL: https://www.org.kobe-u.ac.jp/kupress/
発　売　神戸新聞総合出版センター
〒 650-0044　神戸市中央区東川崎町 1-5-7
TEL　078-362-7140　FAX　078-361-7552
URL: https://kobe-yomitai.jp/
印　刷　神戸新聞総合印刷

落丁・乱丁本はお取替えいたします

ISBN978-4-909364-30-2　C0010